Jack van Hyde

Notizbuch eines Irren

auch zur eigenen Verwendung

Herstellung und Verlag: BoD – Books on Demand, Norderstedt
ISBN 9783732247677